01

Wie heißt das berühmte **Autoren- und Illustratorenduo** hinter dem Grüffelo?

A Julia Scheffler und Axel Donaldson
B Julia Donaldson und Axel Scheffler
C Jana Donaldson und Alex Scheffler

Antwort B:

Julia Donaldson und Axel Scheffler arbeiten seit 1993 zusammen. Ihr bis dato größter Erfolg, *Der Grüffelo,* erschien 2002 in Deutschland.

02

Welche Kultreihe
erschien in den 90er-
Jahren im Verlag
arsEdition und
löste einen Hype
in Deutschland aus?

A Der magische Finger
B Das magische Auge
C Die magische Hand

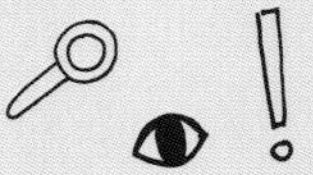

Antwort B:

Die Bücher der Reihe *Das magische Auge* enthalten Autostereogramme, mit denen die meisten Menschen 3-D-Bilder erkennen können, indem sie sich auf 2-D-Muster konzentrieren.

03

Für wie viel Pfund
wurde 1988 ein
Originalmanuskript
von Franz Kafkas
Der Proceß bei
Sotheby's versteigert?

A 1.000.000
B 50.000
C 25.000

£?!

Antwort A:

Am Donnerstag, den 17. November 1988, erhielt der deutsche Antiquar Heribert Tenschert im Auftrag des Deutschen Literaturarchivs in Marbach den Zuschlag für eines der wichtigsten Dokumente der Literatur des 20. Jahrhunderts.

04

Woraus bestand der **„Werther-Look“**?

A Rote Rose am Revers
B Blauer Frack und gelbe Weste
C Zylinder und grüne Fliege

Antwort B:

Die Beschreibung des Protagonisten in *Die Leiden des jungen Werthers* (1774), mit dessen Figur sich viele junge Männer der damaligen Zeit identifizierten, beeinflusste das Modeverhalten der Leserschaft und führte zu einem Massenphänomen.

05

Wie lautet der **zweite Vorname** von Elke Heidenreich?

A Helene
B Hildegard
C Hanna

Antwort A:

Elke Helene Heidenreich wurde am 15. Februar 1943 in Korbach (Hessen) geboren. Sie ist Schriftstellerin und moderierte von 2003 bis 2008 die ZDF-Literatursendung „Lesen!“.

06

In welcher **spanischen Stadt** spielen die Romane von Carlos Ruiz Zafón?

A Madrid
B Sevilla
C Barcelona

Antwort C:

Carlos Ruiz Zafón wurde am 25. September 1964 in Barcelona geboren. Alle seine Romane um den „Friedhof der vergessenen Bücher“ spielen in seiner Heimatstadt.

07

Was hatte Arthur Conan Doyle mit seiner Figur **Sherlock Holmes** gemeinsam?

A Beide waren kokainsüchtig

B Beide spielten Geige

C Beide wohnten in der Baker Street

Antwort A:

In *Das Zeichen der Vier* konsumiert Sherlock Holmes Kokain, um seine Denkkraft zu stimulieren. Sir Arthur Conan Doyle konsumierte die Droge ebenfalls und nannte sie eine „überragende Stimulanz“.

08

Von welchem Autor stammt die Kurzgeschichte, auf der der Film *Der seltsame Fall des Benjamin Button* mit Brad Pitt und Cate Blanchett beruht?

A Andrew Sean Greer
B John Irving
C F. Scott Fitzgerald

Antwort C:

Im Jahr 2008 adaptierte David Fincher die gleichnamige Kurzgeschichte, die im Jahr 1922 von F. Scott Fitzgerald verfasst wurde.

09

Wo befindet sich die berühmte Gaststätte **„Auerbachs Keller“**, zu deren Gästen schon Goethe gehörte, der ihr im Faust ein unsterbliches Denkmal setzte?

A Leipzig
B Weimar
C Frankfurt

Antwort A:

**Grimmaische Straße 2-4,
04109 Leipzig.**

10

Wie hießen die drei Brontë-Schwestern?

A Anne, Charlotte, Emily

B Jane, Mary, Daphne

C Elizabeth, Margaret, Kate

Antwort A:

Ihre Werke veröffentlichten Anne, Charlotte und Emily Brontë nur unter männlichen Pseudonymen (Acton, Currer und Ellis Bell?). Ihr Bruder Branwell dagegen schrieb unter seinem richtigen Namen.

11

Welches Buch ist erfolgreicher?

A *Der kleine Prinz*
B *Harry Potter und der Stein der Weisen*
C Beide haben sich ungefähr gleich gut verkauft

Antwort C:

Beide Werke, *Der kleine Prinz* und der erste Band von Harry Potter, wurden jeweils über 100 Millionen Male verkauft.

12

Stanley Kubricks Film *Eyes wide shut* basiert auf **Arthur Schnitzlers …**

A Reigen
B Traumnovelle
C Fräulein Else

Antwort B:

Der letzte vollendete Film von Stanley Kubrick (1999) verlegt die Handlung von Schnitzlers *Traumnovelle* ins New York der Gegenwart.

13

Welcher der folgenden Schriftsteller ist für seine Kunstmärchen bekannt?

A Wilhelm Hauff
B Ludwig Bechstein
C Charles Perrault

Antwort A:

Während Bechstein und Perrault Vertreter des klassischen Volksmärchens waren, schuf Wilhelm Hauff Kunstmärchen, die keiner Überlieferung entstammten.

14

Welches wiederkehrende Motiv in John Irvings Romanen geht auf seine eigene Geschichte zurück?

A Das Ringen
B Die Bären
C Das Aufwachsen ohne Vater

Antwort A:

Irving war viele Jahre lang Profisportler und träumte sogar davon, in den olympischen Kader der Ringer aufgenommen zu werden. Dieser Traum erfüllte sich nicht - zum Glück für die Literaturlandschaft.

15

Wovor steht die Protagonistin in Marlen Haushofers berühmtem Roman eines Tages unvermittelt?

A Ihrer Jugendliebe
B Einer unsichtbaren Wand
C Ihrem abgebrannten Elternhaus

Antwort B:

Die Ich-Erzählerin im Buch befindet sich auf einer Almhütte und kann wegen einer unsichtbaren Wand nicht mehr ins Tal, wo offenbar alle Menschen versteinert wurden.

16

Welche Monarchin
wird im Roman
Die souveräne Leserin
von Alan Bennett
zum Lesen verführt?

A Die Königin von England
B Die Königin von Schweden
C Die Königin von Spanien

Antwort A:

Dank der kläffenden Corgies entdeckt Königin Elisabeth II. einen Bücherbus in einem der Palasthöfe - und im Folgenden eine späte Leidenschaft für Literatur.

17

Errate das berühmte Kinderbuch:
Ferkelchen – Honig – Bär

Antwort:

Pu der Bär

18

Wann wird der **Welttag des Buches** gefeiert?

A 24. November
B 23. April
C 22. Juni

Antwort B:

Dieses Datum wurde von der UNESCO aufgrund des Georgstages gewählt. Traditionell werden am 23. April in Katalonien zum Namenstag des Heiligen Georg Rosen und Bücher verschenkt.

19

Wie viele Kinderbücher hat die Sängerin Madonna geschrieben?

A 11
B 5
C 1

Antwort B:

Die englischen Rosen (2003),
Mister Peabodys Äpfel (2003),
Jakov und die sieben Räuber (2004),
Die Abenteuer von Abdi (2005),
Billie Bargeld (2005).

20

Wie heißt **Pippi Langstrumpf** mit vollem Namen?

A Pippilotta Viktualia Rollgardina Schokominza Efraimstochter Langstrumpf

B Pippilotta Viktualia Rollgardina Melinza Efraimstochter Langstrumpf

C Pippilotta Viktualia Rollgardina Pfefferminza Efraimstochter Langstrumpf

Antwort C:

Astrid Lindgren erfand 1941 die Figur der Pippi Langstrumpf für ihre siebenjährige Tochter. Im schwedischen Original heißt sie Pippilotta Victualia Rullgardina Krusmynta Efraimsdotter Langstrump. Schokominza wurde erst für die Verfilmung ergänzt.

21

Welche Marotte hat die chilenische Bestsellerautorin Isabel Allende?

A Sie schreibt nur mit grüner Tinte

B Jeden neuen Roman beginnt sie am 8. Januar

C In jedem ihrer Romane fehlt aus Aberglauben das 13. Kapitel

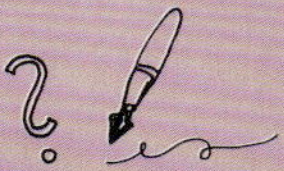

Antwort B:

Eigenen Aussagen zufolge ist Isabel Allende der 8. Januar heilig, weil sie 1981 an diesem Tag einen Brief an ihren sterbenden Großvater begann und aus diesem Brief das Manuskript zu ihrem ersten Welterfolg *Das Geisterhaus* entstand.

22

Errate das Buch
mit einem
tierischen
Protagonisten:
Känguru –
Kommunist –
Eierkuchen

Antwort:

Die Känguru-Chroniken

von Marc-Uwe Kling

23

Wer gilt als **Erfinder des Comics?**

A Ralf König
B Walt Disney
C Wilhelm Busch

Antwort C:

Wilhelm Buschs erste Bildergeschichten erschienen 1859. Zu seinen bekanntesten Werken zählen *Max und Moritz*, *Die fromme Helene* und *Hans Huckebein, der Unglücksrabe*.

24

Welcher dieser Schriftsteller gewann keinen Oscar?

A John Irving
B George Bernard Shaw
C Jonathan Safran Foer

Antwort C:

John Irving erhielt den Oscar im Jahr 2000 für das Drehbuch zu *Gottes Werk und Teufels Beitrag*. George Bernard Shaw bekam ihn 1939 für sein Drehbuch zu *Pygmalion*.

25

Wo stürzte das Flugzeug von Antoine de Saint-Exupéry ab?

A Über dem Meer
B Über der Wüste
C Über den Bergen Frankreichs

Antwort A:

Antoine de Saint-Exupéry ist 1944 über dem Mittelmeer mit dem Flugzeug abgestürzt. Bis heute ist die Ursache dafür unklar, er selbst wurde nie gefunden.

26

Wann erfand Gutenberg den Buchdruck?

A Um 1398

B 1503

C Um 1440

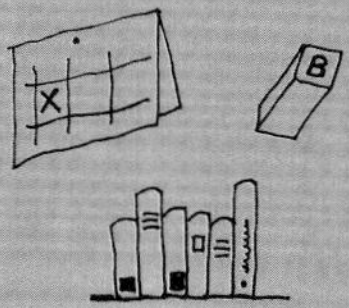

Antwort C:

Johannes Gensfleisch gen. Gutenberg revolutionierte mit der Erfindung des Buchdrucks mittels beweglicher Lettern damals das gesamte Europa. Wissen wurde zugänglich und konnte weiterverbreitet werden.

27

Der **Lindwurm Hildegunst von Mythenmetz** war der berühmteste Schriftsteller von …?

A Narnia
B Zamonien
C Mittelerde

Antwort B:

In der fiktiven Welt Zamonien, erdacht von Walter Moers, leben literaturvernarrte Lindwürmer, deren Lebensinhalt durch Poesie bestimmt wird. Hildegunst von Mythenmetz ist der Protagonist des Buches *Die Stadt der Träumenden Bücher*.

28

Wonach sind die **„Muskeltiere“** in der gleichnamigen Kinderbuchserie von Ute Krause benannt?

A Nach berühmten Bierbrauereien

B Nach Kuchenrezepten

C Nach Käsesorten

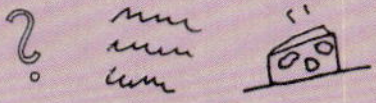

Antwort C:

Die drei Muskeltiere - eine Ratte und zwei Mäuse - heißen Pomme de Terre, Gruyère und Picandou C. Saint-Albray. Die letzteren zwei sind Käsesorten, passend zur „pomme de terre“, der Kartoffel.

29

Wie starb der berühmte Dramatiker Tennessee Williams?

A Er erstickte am Deckel einer Augentropfenflasche
B Er steckte sein Haus in Brand, als er Manuskriptseiten vernichten wollte
C Er erkrankte an Malaria

Antwort A:

Die Rechtsmedizin stellte Ersticken als Todesursache fest. Dennoch halten sich bis heute Gerüchte, dass Williams das Opfer eines Verbrechens wurde.

30

Unter welchem Pseudonym veröffentlicht J. K. Rowling ihre Krimi-Reihe um Cormoran Strike?

A Robert Galbraith
B Harold Pott
C Matthew Smiths

Antwort A:

Unter dem Pseudonym „Robert Galbraith“ publizierte J.K. Rowling seit 2013 bisher vier Bände mit dem Protagonisten Cormoran Strike.

31

Errate den Klassiker anhand der Stichworte:
Wal – Schiff – Jagd

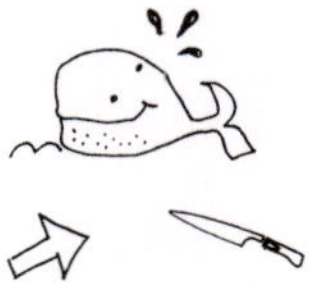

Antwort:

Moby Dick

von Herman Melville

32

Wer schrieb das erste Kochbuch der Weltgeschichte?

A Apicius (30 nach Christus)
B Caesar (88 vor Christus)
C Hildgard von Bingen (1115)

Antwort A:

Das älteste überlieferte Kochbuch der Weltgeschichte heißt „Zehn Bücher über die Kochkunst“, im Original *De re coquinaria librim decem.*

33

Wie heißt der Glücksdrache in *Die unendliche Geschichte* von Michael Ende?

A Bastian
B Atréju
C Fuchur

Antwort C:

Der Glücksdrache Fuchur begleitet den jungen Helden Atréju auf dessen Mission durch das Land Phantásien.

34

Wie heißen zwei berühmte **Satzfehler** in der Typografie?

A Pest und Cholera
B Schusterjunge und Hurenkind
C Sodom und Gomorrha

Antwort B:

„Schusterjunge“ und „Hurenkind“ stören den Rhythmus des Lesens: Wenn die erste Zeile eines neuen Absatzes in der letzten Zeile der vorangehenden Seite zu finden ist oder die letzte Zeile eines Absatzes auf einer neuen Seite steht.

35

Welcher der folgenden Gelehrten ist kein Protagonist in Daniel Kehlmanns *Die Vermessung der Welt?*

A Alexander von Humboldt
B Carl Friedrich Gauß
C Leonhard Euler

Antwort C:

Die Vermessung der Welt erzählt die fiktive Geschichte zweier realer Menschen: des Mathematikers Carl Friedrich Gauß und des Weltenentdeckers Alexander von Humboldt.

36

Nach Narnia gelangt man **unter anderem durch ...?**

A ein Loch im Boden
B einen Wandschrank
C einen Zaubertrank

Antwort B:

Durch einen Wandschrank landen die Pevensie-Geschwister in der zauberhaften Welt von Narnia. In den fantasievollen Geschichten rund um Narnia und seine Bewohner gibt es noch weitere Türen zwischen den Welten.

37

Der Kultroman *Bridget Jones – Schokolade zum Frühstück* von Helen Fielding hatte **welchen berühmten englischen Klassiker** zum Vorbild?

A Middlemarch

B Sturmhöhe

C Stolz und Vorurteil

Antwort C:

Die Handlung ähnelt den Irrungen und Wirrungen in Jane Austens Werk *Stolz und Vorurteil.* Hinzu kommt die Darstellung von Mr. Darcy durch den Schauspieler Colin Firth in der BBC-Verfilmung von *Pride and Prejudice.* Die Autorin von Bridget Jones gab an, dadurch zu der Figur des Mark Darcy angeregt worden zu sein - später ebenfalls gespielt von Colin Firth.

38

Wie viele Menschen
arbeiteten
2017 im deutschen
Buchhandel?

A 28.800
B 39.400
C 10.300

Antwort A:

Aus „Buch und Buchhandel in Zahlen“ (BuBiZ). Dieses jährlich erscheinende Kompendium des Börsenvereines des deutschen Buchhandels bündelt Daten, Fakten und Statistiken aus der Buchbranche.

39

Welcher **Kinderbuch-klassiker** entstand ursprünglich als Auftragsarbeit der schwedischen Schulbehörde, damit die Kinder ihr Heimatland besser kennenlernen?

A Ronja Räubertochter

B Nils Holgersson

C Pettersson und Findus

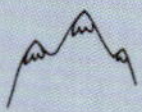

Antwort B:

Mittels der Vogelperspektive von Nils Holgersson, der auf dem Rücken des Gänserichs Martin über das Land reist, konnte Selma Lagerlöf diese Auftragsarbeit exzellent bewältigen.

40

Was macht die **japanischen Haiku** aus?

A Sie sind dem Kaiser gewidmet
B Sie bestehen meistens aus drei Wortgruppen von 5 – 7 – 5 Lauteinheiten
C Sie haben ein jambisches Versmaß

Antwort B:

Das Versmaß des Haikus entstand im 16. Jahrhundert mit Beginn der Edo-Periode. Geprägt wurde der Begriff „Haiku“ durch Masaoka Shiki (1867-1902), der neben Matsuo Basho als einer der bedeutendsten Haiku-Dichter Japans gilt.

41

Von welcher österreichischen Schriftstellerin stammt der 1989 erschienene Skandalroman *Lust*?

A Ilse Aichinger
B Ingeborg Bachmann
C Elfriede Jelinek

♥

Antwort C:

Die Literatur-Nobelpreisträgerin Elfriede Jelinek wurde seit Beginn ihres Schaffens als Provokateurin angesehen. *Lust* sowie der Roman *Die Klavierspielerin* untermauerten diesen Ruf.

42

Wie umfassend ist die weltberühmte *Encyclopedia Britannica*?

A 15 Bände, 25 Millionen Wörter und 43.000 Artikel

B 32 Bände, 44 Millionen Wörter und 72.000 Artikel

C 50 Bände, 90 Millionen Wörter und 105.000 Artikel

Antwort B:

Die englischsprachige *Encyclopedia Britannica* ist eine der umfangreichsten und berühmtesten Wissens-sammlungen der Welt.

43

Wie heißt der Ochse in Otfried Preußlers Kinderbuch ***Die kleine Hexe*?**

A Korbinian
B Cordelius
C Konrad

Antwort A:

Der Ochse Korbinian soll bei einem Schützenfest als Preis überreicht und geschlachtet werden. Die kleine Hexe bewahrt ihn mit einem Zauber vor diesem Schicksal.

44

Wer gilt als **erster Meister** der Short Story?

A Edgar Allan Poe
B H. P. Lovecraft
C Ambrose Bierce

Antwort A:
Der von Lord Byron und der deutschen Romantik geprägte Autor Edgar Allan Poe schuf mit der Kurzgeschichte *Der Untergang des Hauses Usher* (1839) eines der größten Werke der schwarzen Romantik.

45

Wie lautet **die korrekte Schreibweise** des berühmten französischen Schriftstellers Michel …

A Houllebecq
B Houlebec
C Houellebecq

Antwort C:

Michel Houellebecq (geb. 1956 oder 1958) gilt als das Enfant terrible der französischen Literaturszene.

46

T. C. Boyle gab sich seinen zweiten Vornamen mit 17 Jahren selbst, nach einem irischen Vorfahren.

Wie lautet er?

A Coraghessan
B Coroghessy
C Corahan

Antwort A:

T. C. Boyle wurde in Peekskill, New York, geboren, hatte eine schwierige Kindheit und hätte fast den Highschool-Abschluss nicht geschafft. Inzwischen hat er 16 Romane sowie über 100 Kurzgeschichten veröffentlicht und wurde mit Preisen ausgezeichnet.

47

Welcher Vogel steht in der *Tribute von Panem*-Reihe für die Untergrundbewegung?

A Zaunkönig
B Spottdrossel
C Paradiesvogel

Antwort B:

Die Spottdrossel wird von der unterdrückten Bürgerschaft als Symbol für die Fehlbarkeit der Obrigkeit angesehen. Sie verkörpert in der *Tribute von Panem*-Reihe die Hoffnung auf ein besseres Leben.

48

Ordne die folgenden **Warengruppen** im Buchhandel nach ihrer Umsatzstärke (prozentualer Anteil am Gesamtumsatz).

- Sachbuch
- Kinder- und Jugendbuch
- Belletristik
- Reise
- Ratgeber

Antwort:

· Belletristik: 31,9
· Kinder- und Jugendbuch: 16,3
· Ratgeber: 14,3
· Sachbuch: 9,9
· Reise: 5,9

Aus „Buch und Buchhandel in Zahlen" (BuBiZ, 2017). Dieses jährlich erscheinende Kompendium des Börsenvereines des deutschen Buchhandels bündelt Daten, Fakten und Statistiken aus der Buchbranche.

49

Welche der folgenden Autorinnen ist nicht für ihre erotischen Romane bekannt?

A E. L. James
B Lauren Rowe
C Suzanne Collins

Antwort C:

Während E. L. James und Lauren Rowe für die erotischen Reihen *Fifty Shades of Grey* und *The Club* bekannt sind, kennt man Suzanne Collins für die Kinderbuchreihe *Gregor* und die Jugendbuchreihe *Die Tribute von Panem*.

50

Welches ist das **meistverkaufte Buch** der Welt?

A Der Herr der Ringe
B Der Koran
C Die Bibel

Antwort C:

Die Bibel (oder Teile davon) wurde in 2355 Sprachen übersetzt. Sie hat eine Auflage von jährlich 20 Millionen Exemplaren und ist mit einer Gesamtauflage von mindestens 2,5 Milliarden Stück (manche Schätzungen gehen bis zu 6 Milliarden) das meistverkaufte Buch der Weltgeschichte.